DIGI CACHE-CACHE

Les éditions Scholastic

MC & © 2000 Akiyoshi Hongo, Toei Animation Co., Ltd.
Les MONSTRES VIRTUELS DIGIMON et tous les personnages,
noms et caractères distinctifs sont la propriété exclusive de Toei Animation Co., Ltd.
et sont utilisés sous licence.
Copyright © Éditions Gallimard Jeunesse, 2001, pour le texte français.
Copyright © Les éditions Scholastic, 2001, pour la présente édition.
Tous droits réservés.

ISBN 0-439-98685-0
Titre original : Let's Find Digimon – Digimon Digital Monsters.

SCHOLASTIC et ses logos associés sont des marques de commerce
et (ou) des marques déposées de Scholastic Inc.

Édition publiée par Les éditions Scholastic,
175 Hillmount Road, Markham (Ontario) L6C 1Z7.

12 11 10 9 8 7 6 5 4 3 2 1   Imprimé au Canada   01 02 03 04 05 06

CHERCHE LES DIGIMON!

Avec cet album, tu peux jouer seul ou avec tes amis!

Voilà comment tu peux découvrir les Digimon cachés dans ces pages...

1) Regarde attentivement chaque image. Des indices dans les cases t'aideront à repérer les Digimon qui s'y cachent.

2) Une fois que tu auras joué, regarde les solutions aux pages 31 et 32.

3) Le jeu bonus de la page 30 propose encore plus de Digimon dissimulés dans tout le livre! Ouvre bien l'œil!

4) Si tu as besoin d'aide pour trouver les Digimon du jeu bonus, les réponses se trouvent à la page 32.

MAINTENANT, À TOI DE JOUER!

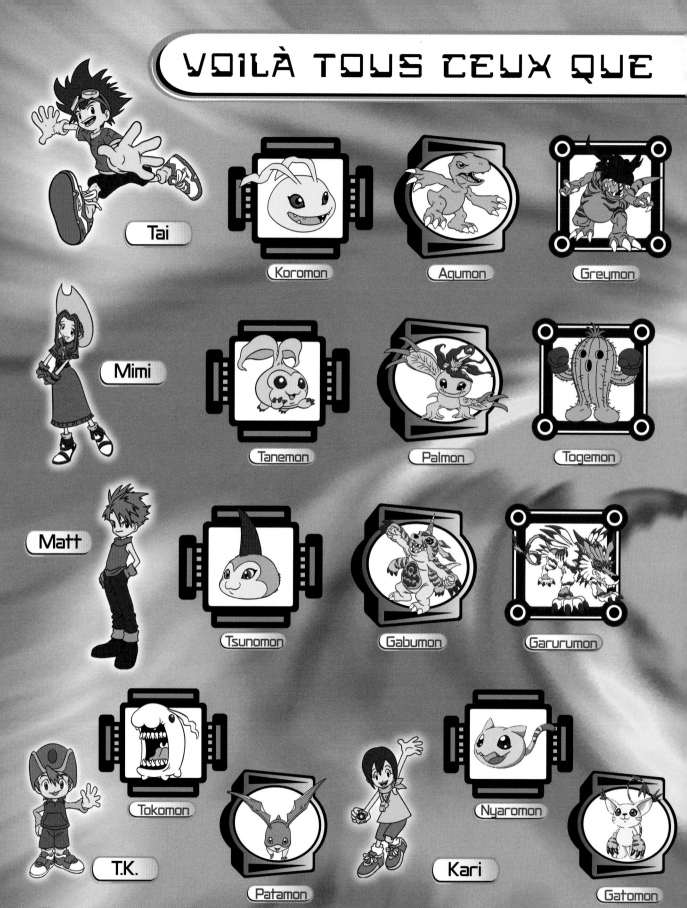

Tai

Koromon

Agumon

Greymon

Mimi

Tanemon

Palmon

Togemon

Matt

Tsunomon

Gabumon

Garurumon

Tokomon

T.K.

Patamon

Nyaromon

Kari

Gatomon

TU RENCONTRERAS!

Birdramon

Biyomon

Yokomon

Sora

Kabuterimon

Tentomon

Motimon

Izzy

Ikkakumon

Gomamon

Bukamon

Joe

PARS AUSSI À LA RECHERCHE DE CES DIGIMON!

Elecmon

Wizardmon

Pixiemon

Gennai

Etemon

L'USINE D'ANDROMON

Andromon a été libéré par les enfants et leurs Digimon. Mais les attaquera-t-il? Trouve Tentomon, Motimon et Kabuterimon pour aider les enfants à s'enfuir.

Tentomon

Motimon

Kabuterimon

LA VILLE DES JOUETS

Méfie-toi de Monzaemon, l'ours en peluche géant qui règne sur la ville des jouets. Seras-tu capable de retrouver Tai, Mimi et Palmon avant lui?

Tai   Mimi   Palmon

L'ÉGLISE DES BAKEMON

Combien de fantômes Bakemon
comptes-tu dans l'église hantée?
Trouve Joe, Gomamon et Sora,
puis aide-les à combattre les Bakemon!

Joe

Gomamon

Sora

LE VILLAGE PRIMAIRE

Te voilà au village primaire avec T.K. et Patamon. Elecmon cherche la bagarre ! Trouve Gabumon, Tokomon et Elecmon pour aider T.K. et Patamon à s'échapper.

Gabumon

Tokomon

Elecmon

LA MONTAGNE DE L'INFINI

Sur le chemin de la montagne de l'Infini, il y a beaucoup de Digimon. Certains sont gentils et d'autres... beaucoup moins! Peux-tu apercevoir Patamon, Tsunomon et Matt ?

Patamon

Tsunomon

Matt

LE VILLAGE DE KOROMON

Les Pagumon retiennent prisonniers les Koromon! Peux-tu te faufiler dans le village et repérer Etemon, l'emblème de courage de Tai et Koromon, son compagnon Digimon?

Etemon

emblème de courage de Tai

Koromon

LE BATEAU DE CROISIÈRE

Un bateau de croisière au beau milieu du désert? Comment toi et tes amis Digimon êtes-vous arrivés là? Retrouve vite Gennai, l'emblème de sincérité de Mimi et Togemon.

Gennai

emblème de sincérité de Mimi

Togemon

LA PYRAMIDE D'ETEMON

Etemon recherche les enfants
et leur Digimon. Tu peux les aider
en trouvant Izzy, Yokomon et Piximon
à l'intérieur de la pyramide d'Etemon.

Izzy

Yokomon

Piximon

LE RESTO DE VEGIEMON

Ne t'attarde pas trop longtemps au resto
de Vegiemon : tu pourrais y rester
pour toujours, comme Joe! Porte-toi
à son secours en trouvant Demidevimon,
son ami T.K. et Bukamon.

Demidevimon

T. K.

Bukamon

LA FORTERESSE DES GEKOMON

Les Gekomon traitent Mimi comme une princesse. Mais attention, voici Shogunmon! Pars à la recherche de Tanemon, d'Agumon et de la couronne de Mimi afin que les enfants puissent s'évader.

Tanemon

Agumon

la couronne de Mimi

LE CHÂTEAU DE MYOTISMON

Tu as réussi à pénétrer dans le château de Myotismon. Peux-tu aider les enfants à s'échapper par le passage qui les ramènera dans le Monde Réel ? Pour accomplir cette mission, tu auras besoin de Gatomon, de l'ordinateur portatif d'Izzy et de la carte maîtresse d'Agumon.

Gatomon

l'ordinateur d'Izzy

la carte maîtresse d'Agumon

LE MONDE RÉEL

Le Monde Réel, enfin!
Mais Demidevimon a envoyé
Gesomon à l'attaque... Peux-
tu retrouver Kari, la petite
sœur de Tai, Wizardmon et
le Digitruc avant Myotismon
et sa bande ?

Kari   Wizardmon   Digitruc

LE JEU BONUS

1 De nombreux Numemon habitent les égouts dans le Digimonde. Combien en comptes-tu dans cet album?

2 Vegiemon prend un bain de soleil quelque part dans ce livre, mais où?

3 Pourrais-tu citer les deux endroits où Datamon apparaît?

4 Où peux-tu voir Joe assis sur un toit?

5 Où Biyomon et Tentomon se cachent-ils dans un arbre?

6 Sukamon et Chuumon se cachent, tous les deux ensemble, mais où? (indice : tu les trouveras dans trois images.)

RÉPONSES

L'usine d'Andromon

La ville des jouets

L'église des Bakemon

Le village primaire

La montagne de l'Infini

Le village de Koromon

Le bateau de croisière

La pyramide d'Etemon

Le resto de Vegiemon

La forteresse des Gekomon

Le château de Myotismon

Le Monde Réel

Réponses du jeu bonus : 1. 68 Numemon 2. Le bateau de croisière 3. La pyramide d'Etemon et le château de Myotismon 4. Le village de Koromon 5. L'église des Bakemon 6. Le bateau de croisière, la forteresse des Gekomon et le château de Myotismon.